AF257466

PRÉCIEUX DOCUMENTS

FAITES VOS AFFAIRES VOUS-MÊME

Aux Personnes intelligentes
Aux Personnes sans emploi
Aux Personnes économes

Utile à tout le monde : Grands et Petits, Riches et Pauvres

Aux Personnes sans emploi, je leur donne un moyen ou une idée pour en trouver un lucratif.

Aux Personnes pouvant disposer d'une partie de leur temps je leur fournis le moyen de s'occuper agréablement, tout en gagnant de l'argent.

Aux Personnes riches, je leur indique un passe-temps agréable et les soins hygiéniques indispensables à quiconque est soucieux de sa santé.

Aux Personnes pauvres, je leur indique l'économie et le moyen de n'être jamais malade en se traîtant hygiéniquement. N'abimez pas votre santé car le rétablissement en est trop difficile.

Aux jeunes gens, je les familiariserai avec la chimie et leur donnerai peut-être une idée pour une découverte.

A lire attentivement

Aux personnes intelligentes se trouvant momentanément sans position et aussi aux personnes actives pouvant disposer d'une partie de leur temps et voulant augmenter leur capital, aux personnes qui voudraient en faire usage pour leur compte personnel, je leur offre de précieux documents que tout le monde a le plus grand intérêt à posséder et à consulter dans tous les moments de la vie. Ils intéressent aussi les personnes souffrantes ainsi que celles qui n'ont pas envie de le devenir.

La plupart de ces recettes et procédés sont le résultat de longues recherches et de travaux non publiés, les autres ont été très-attentivement choisis pour l'utilité publique, soit dans les ouvrages les plus en renom, soit dans des documents d'hommes savants.

Tous les produits dont il est parlé dans ce précieux recueil peuvent s'obtenir sans grande dépense, quelques vases, tonneaux ou chaudrons suffiront toujours ; quelques herbes, essences, acides ou autres matières se trouveront chez les pharmaciens, herboristes, droguistes ou chez les fabricants de produits œnologiques à Paris.

Il faut toujours suivre la recette indiquée pour obtenir un produit de bonne qualité.

Vous ne devez vous adonner qu'à **un ou deux** articles spécialement, trois tout au plus, et y concentrer toute votre intelligence. Le grand secret de faire beaucoup de choses étant de les faire une à une.

Vous devez toujours donner à vos produits un nom original ou à la mode et ayant des rapports avec les circonstances actuelles.

Faites de nombreuses annonces dans les journaux pour vous faire connaitre et vos produits étant bons et bien fabriqués, vous serez tout étonné de voir l'argent affluer ne tous côtés ; bien entendu, il vous faut de la persévérance et ne pas savoir que gagner, mais aussi économiser.

Le prix auquel je livre ces recettes et procédés est vraiment dérisoire, vu les services qu'ils peuvent rendre, ainsi il existe dans ce recueil des recettes encore inconnues, n'ayant pas été mises en pratique et qui valent assurément plusieurs mille francs

Mon but n'a donc pas été précisément d'en tirer un bénéfice, mais il a été aussi de rendre service le plus possible à mes semblables.

J'ai essayé d'expliquer très-simplement pour bien faire comprendre aux personnes qui voudront me lire, les services que j'espère pouvoir leur rendre, soit en leur procurant des ressources honnêtes, par un **COMMERCE** provenant de l'emploi d'un ou de plusieurs de mes procédés, soit d'apprendre dans les familles des recettes utiles pour l'entretien du corps et de la santé, pour conserver le plus longtemps possible la fraicheur et la beauté du visage et donner différents préservatifs éprouvés.

J'espère être arrivé à mon but, si par un emploi intelligent de ma brochure, des personnes arrivent à une vie heureuse et tranquille, je me croirai alors bien largement récompensé de mes recherches et de mon travail.

—✳—

ELIXIR DU MONT-SALÈVE

Essence de Bergamotte . . . . 125 gr.
Essence de Citron. . . . . 60 »
Essence de Portugal . . . . 60 »
Essence de Nérolis fin . . . . 40 »
Baume de Tolu pulvérisé . . . . 30 »
Essence de Romarin . . . . 15 gouttes
Essence de Géranium. . . . . 30 »

Bien mélanger et tirer au clair. Pour la coloration prendre le bleu qui sert aux lavandières et un peu de safran, l'on obtiendra un vert clair.

Cet élixir que je recommande tout particulièrement à une personne qui voudrait le lancer dans le commerce, rafraîchit et embellit la peau, il réussit d'une façon complète pour la toilette intime son emploi raffermit les chairs. Losrque vous êtes fatigué, soit par une marche soit par tout autre cause, videz un flacon dans un bain où vous resterez environ 15 minutes et en sortant vous vous sentirez immédiatement délassé frais et dispos. Votre peau aura un parfum des plus enivrants. Si vous voulez parfumer votre linge quelques gouttes dans l'eau suffisent pour vous donner un bon résultat.

EAU DE SANTÉ

pour raffermir les seins donner de la gorge aux femmes qui l'on perdue par suite de couche ou de maladie.

Bromure de Potassium . . . . 15 gr.
Farine d'orge . . . . 500 »
Gruau d'avoine . . . . 500 »
Pommes rainettes coupées en morceaux . . . 8 pommes
Dattes sans noyau . . . . 30 dattes

Faire bouillir le tout dans un vase neuf avec 8 litres d'eau jusqu'à réduction de 4 litres ; passez et ajouter dix gouttes d'acide Salicylique. Laissez refroidir et mettez en bouteille.

Prendre un verre à bordeaux à jeun et le soir avant de se coucher, ayant le soin que la digestion soit complétement faite, ce qui procure une nuit calme et bientôt les formes prendront une charmante rotondité.

Si l'on veut précipiter la cure l'on peut en prendre plusieurs fois dans la journée pourvu que la digestion soit faite.

EAU DE VIE
Moyen de la vieillir et de l'améliorer

Mettez votre eau-de-vie en litres et ajoutez-y 5 ou 6 gouttes d'alcali volatil, quelques heures après, ajoutez-y 14 ou 15 grammes de sucre candi pulvérisé.

Si la couleur n'était pas convenable. vous pourriez ajouter un peu de sucre brûlé. Vous aurez alors de l'eau-de-vie réunissant toutes les qnalités de bonté et d'ancienneté voulues où les meilleurs connaisseurs s'y méprendront

AMÉLIORATION DU CAFÉ

Lorsque vous brulez votre café, jetez quelques clous de girofle dans la brûloire et lorsque la torréfaction commence à se faire, c'est-à-dire lorsque vous sentez l'odeur particulière du café brulé, vous jetez 100 grammes de sucre blanc en poudre, lorsque vous jugez que le café est suffisamment brulé vous le refroidissez brusquement en le jetant sur quelque chose de froid, sur du marbre par exemple. Procurez vous aussi quelques grains de véritable Moka et vous les ferez bruler en même temps. Ils communiqueront leur saveur et leur goût au reste du café, quelque soit la quantité.

Remède contre la Migraine

Sel ammoniac . . . . 30 gr.
Acide Tartrique . . . . 30 gr.
Chaux vive (pilée et tamisée) . . . 60 gr.

Mettez le tout dans un flacon bien bouché, le remuer souvent pendant 48 heures, puis le transvaser dans de petits flacons qui pourraient se livrer au commerce.

Aussitôt que vous sentirez la migraine, débouchez votre flacon sous les narines et aspirez fortement jusqu'à ce que les larmes vous viennent aux yeux, vous serez immédiatement soulagé.

Eau préservatrice pour prévenir et arrêter la carie des dents

Eau de pluie . . . . . 500 gr. (faire bouillir et employez à froid)
Alcool ou esprit de vin . 250 »
Sel ammoniac . . . . . 2 »
Eau de-vie anisée . . quelques gouttes,

Mêlez-bien le tout et mettez en bouteilles bien-bouchées.

Employez cette préparation en gargarisme : une cuillerée chaque fois suffit.

Il faut avoir soin de mettre de préférence le liquide du côté où une ou plusieurs dents commencent à se détériorer et si le mal est important il faut renouveller l'opération au moins 2 fois par jour, le matin en se levant et le soir en se couchant.

Si l'on veut employer l'eau conservatrice comme préservatif ou comme acte de propreté de la bouche, il suffit de se gargariser 3 ou 4 fois par semaine.

Cette préparation a encore le grand avantage d'énlever la mauvaise odeur de la bouche, odeur qui provient le plus souvent de la carie des dents.

Si l'on voulait livrer cette préparation au commerce on ferait des flacons d'un peu plus d'un quart de litre tout en conservant les proportions que je donne.

Il ne faut pas oublier qne pour débiter quelque chose, même parfait, il faut que cela plaise par la forme. Les flacons devront être de jolie forme et les étiquettes attrayantes, nom à la mode, tout en énumérant les qualités de la préparation.

Poudre merveilleuse pour blanchir et nettoyer les dents

Cendres d'Orties	25 gr.	« Prenez les orties blanches
Quinquina en poudre	20 »	en feuilles, faites-les sécher
Magnésie	15 »	et brûler, recueillez les cen-
Menthe	15 »	dres, dont vous ferez une
		poudre impalpable».

Le tout bien mêlé, vous colorerez en rose en ajoutant :

    Cochenille pilée . . . . 32 grammes

    Eau. . . . . 1/2 litre

Faites bouillir le tout pendant cinq minutes dans une casserole de terre et vous colorez à volonté.

Si vous voulez une couleur rouge, employez la teinture de phytolaque que vous trouverez chez tous les droguistes.

Il est facile à comprendre qu'avec de petites boîtes coquettement arrangées, cette poudre dentifrice étant réellement excellente on en débiterait chez tous les coiffeurs.

Si la pénurie d'ortie se faisait sentir l'on pourrait employer avec succès les cendres de sarments dans les mêmes proportions, mais les orties valent mieux.

L'on se servira d'une brosse à dents, plutôt douce que dure afin de ne pas irriter les gencives.

Philodonte liquide

rendant instantanément aux dents les plus noires leur blancheur primitive sans enlever l'émail dentaire

Eau naturelle . . . . 1/2 litre . . . (faire bouillir et refroidir)
Alun . . . . 60 gr.
Acide acétique . . . . 1 goutte

Vous parfumez avec une essence agréable et colorez en rouge avec quelques gouttes de teinture de phytolaque.

Pour cette opération l'on ne peut se servir de brosse à dents, le philodonte fatiguant les gencives.

Employez une toute petite palette de bois blanc, frottez les dents une à une et de noires qu'elles étaient, elles deviendront blanches comme la neige.

Pour entretenir la machoire, un seul nettoyage par semaine suffit.

Le prix de l'alun étant minime et vu le peu de quantité d'acide acétique que l'on emploie, le prix de revient est excessivement faible, ce qui rend cette recette précieuse, car l'on peut en faire beaucoup sans frais.

L'on choisit des flacons d'un type particulier on y ajoute une petite palette en bois blanc, ce sera original, nouveau et vu l'effet produit le placement en sera facile.

NOTA : L'acide produisant sur les gencives une surexcitation, doser la préparation avec soin. La palette ne doit autant que possible n'être appliquée que sur les dents.

Vin Odoriférant
pour chasser la mauvaise haleine

Fleurs de Romarin . . . . 250 gr.
Vin blanc sec . . . . 1 litre.

Faites bouilir le tout et tirez au clair, prenez de ce breuvage quelques gorgées par jour.

Cette boisson s'applique principalement aux personnes qui ont l'haleine viciée par des maladies internes.

Pour les personnes dont l'haleine est viciée par l'humeur arrêtée au cerveau, le camphre en poudre comme prises, est le seul remède efficace.

Débiter ce breuvage par petites chopines.

Le plus sûr des Baromètres

Prenez un bocal, remplissez-le d'eau et mettez dedans une sangsue.

La sangsue immobile au fond du bocal indique le beau temps, au milieu variable et au-dessus pluie. Si la sangsue se montre inquiète et agitée, il y aura vent et tempête.

Solution pour gargarisme
contre les aphtes ou plaques qui arrivent à la suite de fièvres ou irritations

Feuilles de Vigne fraîches	200 gr.
Alun (une pincée environ)	15 »
Miel Rosa	32 »

Hachez les feuilles de vigne, puis pressez les dans un linge bien propre vous obtiendrez environ 3/4 de verre à vin de jus vous mélangez le tout et vous vous en gargarisez plusieurs fois par jour ; bientôt vous sentirez une notable amélioration et les plaques n'existeront plus.

Si l'irritation se porte à la gorge, vous prendrez en même temps des pastilles de Chlorate de potasse ou au sel de Bertholet que l'on trouve chez tous les pharmaciens. Vous en prendrez 4 à 5 par jour et vous les laisserez fondre dans la bouche.

VIN AROMATIQUE
contre les douleurs de dents

Feuilles de sauge	30 gr.
Fleurs de romarin	30 »
Fleurs de lavande	30 »
Clou de girofle	15 »
Hysope	2 »
Jusquianne	1 racine
Plantin	6 »
Lancelée	1 »
Vinaigre blanc (naturel) distillé	500 gr.

L'on peut colorer en jaune avec un peu de sucre brûlé ou en rouge avec quelques gouttes de teinture de phytolaque en ayant eu le soin avant la coloration de faire bouillir le tout pendant vingt minutes et de le filtrer.

Pour son emploi dans les crises dentaires, l'on prend une cuiller de fer que l'on remplit de ce vinaigre et que l'on fait chauffer, puis l'on se gargarise la dent qui fait mal en ayant soin toutefois de le garder un instant dans la bouche, cette opération doit se faire plusieurs fois et le mal cesse presqu'immédiatement.

NOTA - Ce vinaigre a été composé avec grand soin et c'est après plusieurs expériences satisfaisantes, qu'il est livré à la publicité.

Ne trouvaut pas de ce produit chez vcus, placez sur la dent cariée un bout de coton imbibé de laudanum et la douleur se calmera aussitôt.

Gargarisme contre les douleurs de dents
et les gencives enflées

Racine de coloquinte . . . . 1 morceau
Semence d'asperges. . . . . une forte pincée
Feuilles de lierre fraiches . . . . une douzaine
Sel ordinaire . . . . une pincée

Faire bouillir le tout pendant une heure dans du vin et se gargariser le plus chaud possible, ce remède est éprouvé.

Lorsque la douleur est par trop forte appliquez-vous un papier rigolo sur le bras du côté de la partie malade, conservez-le au moins vingt minutes, tout en prenant le gargarisme.

La douleur ne pourra résister.

Moyen de reconaître si le vin est naturel

Faites dissoudre un peu d'alun dans un verre de vin. S'il se forme au fond au bout d'une heure ou deux un précipité brun-vert le vin sera naturel. Si l'on n'aperçoit pas le dépôt la couleur sera artificielle.

DENTS AGACÉES

Si vous avez les dents agacées par les fruits verts ou toute autre cause, il suffit de faire fondre dans la bouche un gros grain de sel de cuisine aussitôt cette impression pénible et désagréable disparaitra.

MOYEN A EMPLOYER

pour faire tomber les dents ou racines gâtées sans douleur

Prenez de la gomme attachée à l'écorce des mûriers entourez entièrement la dent ou placez sur la racine une boule de ce produit, renouvelez autant que possible quand elle fondra, au bout de peu de temps, la dent tombera d'elle même.

ELIXIR DE PAROLES

Fleurs de serpolet . . . . une poignée
Eau-de-vie vieille (bonne) . . . . 1/2 litre

Laissez infuser pendant une semaine puis filtrez : se gargariser 3 fois par jour et garder le liquide 3 ou 4 minutes en remuant la langue de gauche à droite et réciproquement.

Les jours ou l'on devra beaucoup parler, l'on devra faire plusieurs gargarismes et surtout au moment de l'audience, la parole sera libre et la voix sonore.

Cet élixir est spécialement fabriqué pour toutes les personnes qui font un usage fréquent de la parole; telles que : avocats, agents de change, etc.

VIN RÉSOLUTIF

contre l'extinction de voix et oppression

Clou de girofle . . . . une bonne pincée
Hysope . . . . une bonne pincée
Sirop de mûres . . . . 4 cuillerées à bouche

Faites infuser dans du vin vieux, une bouteille, le tout bien mêlé, en boire trois fois par jour.

EAU DE COLOGNE

Alcool à 35 degrès . . . . 3 litres
Essence de bergamotte . . . . 50 grammes
Essence d'orange . . . . 4 »
Essence de citron . . . . 16 »
Essence de romarin . . . . 15 gouttes
Essence de giroflée . . . . 2 grammes
Coriande concassé . . . . 60 »
Essence d'ambre . . . . 15 gouttes

Mélez bien le tout dans un vase que vous aurez le soin de bien boucher, remuez ce mélange 2 fois par jour, au bout d'une semaine vous passerez au filtre de papier sans colle, mettre en flacons et bien boucher.

CREVASSES

Ce remède qui est dès plus simples est des plus efficaces ; il s'agit tout simplement de se frotter les mains avec du jus d'oignons

FRICTION-VIN CAPILOPHILE

pour faire croître les cheveux et en arrêter la chute

Gros vin de Narbonne . . . . : 500 grammes
Sodium (sel de cuisine) . . . . 30 »
Acide tanique . . . . 10 »
Mouches à miel séchées réduites en poudre
impalpable . . . . 100 mouches

Le tout bien mêlé, vous faites bouillir cinq minutes et vous y ajoutez après avoir retiré ce mélange du feu en ayant eu soin de toujours remuer.

(1) Acide salicylique . . . . . . 10 gouttes
Essence de patchouly ou autre autant qu'il en faudra pour aromatiser.

Laissez reposer huit jours avant de vous en servir. Bien boucher les flacons et bien agiter avant de s'en servir.

Friction matin et soir

(1) L'acide salicylique coûte bon marché, il a beaucoup de propriétés et entre autres celle d'arrêter ou d'empêcher la fermentation et la décomposition. Il est insipide et n'est pas nuisible à la santé, aussi le docteur Guillaume de Neuchatel n'a pas hésité à le désigner dans les feuilles d'hygiène comme devant rendre d'importants services.

POMMADE CAPILOPHILE

Lupin. . . . . . . 50 gr. ⎫ bien écraser
Racine de patience. . . 50 gr. ⎬   au
Racine de roseau . . . 50 gr. ⎭ mortier.
Mouches à miel séchées et réduites en
     poudre impalpable. . . . . . . 150 mouches.

Faire bouillir le tout dans 3/4 de litre d'eau de pluie jusqu'à complète évaporation, afin qu'il ne reste qu'une pâte impalpable que vous aurez triturée souvent pendant l'ébulition pour bien mélanger les parties.

Prenez un autre vase dans lequel vous mettrez :

Axonge frais . . . . . . 250 grammes
Huile de noisettes . . . 60   —
Beaume nerval 50   —
Jus de feuille de noyer. . 25   —

Hachez les feuilles et pressez dans un linge pour en obtenir le jus.

Une fois cette partie mêlée et fondue, vous ajouterez votre première préparation, vous mêlerez et remuerez bien le tout et vous laisserez bouillir 5 minutes. Aussitôt que ce mélange sera retiré du feu, vous ajouterez toujours en remuant 30 gouttes d'acide salicylique, puis le parfum que vous désirez pour aromatiser cette pommade. Quant à la couleur, vous pourrez la colorer avec de l'orseille (mousse tinctoriale).

Pour que ce produit soit efficace, il faut avoir bien soin de faire le mélange, afin d'éviter que les parties plus lourdes qui tendent toujours à aller au fond se mêlent bien avec l'axonge qui en se refroidissant rcmonterait à la surface et ne donnerait pas le sésultat attendu.

Se pommader fortement la tête le soir en se couchant et éviter le frottement des draps en se couvrant la tête d'un bonnet. Le matin enlever autant que possible ce mélange soit avec une serviette chauffée, soit avec un peigne fin.

Je recommande cette pommade d'une façon particulière à quelqu'un qui voudrait la lancer dans le commerce ; avec une réclame bien faite, la réussite est certaine, vu les effets qu'elle produira.

Remède d'une grande efficacité contre la coqueluche des enfants.

Mettez de l'eau dans une bassine en cuivre faites bouillir jusqu'à réduction de moitié en ayant jeté préalablement 150 grammes de café vert de très bonne qualité, par litre d'eau. Lorsque la réduction désignée ci-dessus est obtenue, vous retirez votre bassine du feu, vous passez et vous remettez seulement l'eau ainsi obtenue dans la bassine, vous y ajoutez une livre de sucre par litre d'eau et vous laissez sur le feu jusqu'à ce que vous ayez obtenu un sirop. Après chaque quinte, vous en donnez à l'enfant.

Moyens de détruire les verrues

Creusez un trou dans un oignon blanc, remplissez-le de sel gris. Laissez fondre le sel totalement, coupez légèrement vos verrues et frottez-les avec oignon que vous aurez soin de couper en morceaux. Vous frotterez de préférence avec la partie mise en contact directement avec le sel.

L'on emploie aussi avec succès l'acide nitrique, en imbibant tous les jours et en ayant eu soin au préalable de les couper légèrement.

PANARIS (Guérison)

Brisez un œuf bien frais, prenez cette peau qui se trouve adhérente à la coquille et appliquez-là sur le doigt malade, cette peau en séchant se rétressira et étouffera le germe du mal.

CRÈME DE L'OLYMPE

Alun de Roche en poudre . . . . Une pincée.
Poudre de Guimauve . . . . 25 grammes.
Farine fraîche de Seigle . . . . 100 grammes.
(1) Dextrine purifiée . . . . . . 50 grammes.

Mélangez bien et passez au tamis. Faites que cette poudre soit impalpable, vous y joindrez une quantité suffisante d'eau d'amandes douces et de glycérine, afin d'obtenir une pâte demi-liquide et bien liée pouvant s'étendre facilement sur le visage. Vous y joindrez :

Acide Salicylique. . . 10 gouttes.

Vous aromatisez avec autant d'essence de Jasmin qn'il en faudra pour donner un parfum agréable. Cette crème, tout en enlevant les lentilles du visage, rafraîchit et veloute la peau.

Pour enlever les lentilles, il faut tous les soirs s'enduire le visage d'une légère couche de cette crème que l'on enlèvera le matin ; autrement, pour la toilette, s'en frotter légèrement le visage après s'être bien lavé.

En faisant usage de cette préparation, tous boutons, hâle et rougeurs disparaissent, la peau s'assouplit et devient d'un joli rose.

BLESSURES

Moyen d'arrêter complètement la douleur d'une blessure, ou tout au moins d'en diminuer fortement l'intensité et d'en faire suivre la guérison.

Jetez du sucre pulvérisé sur un réchaud de charbons ardents, afin de provoquer une épaisse fumée. Exposez la partie blessée

(1) *Un des principes immédiat de l'orge germé.*

à cette fumée, bientôt la douleur aura diminué et la guérison ne se fera pas bien attendre.

Pour assainir une maison de laquelle se dégage une mauvaise odeur

Vous prenez quelques vieux vases, vous les remplissez de chaux vive et vous les laissez séjourner quelque temps dans l'endroit.

LAIT D'AMOUR

donnant à la peau une blancheur éclatante

Sel de cuisine.	une forte pincée.
Riz	1/2 poignée.
Semence de Persil	une petite poignée.
Semence d'armoise	une petite poignée.
Amande prise dans le noyau de	
la pêche	une bonne poignée.

Mêlez et pilez le tout dans un mortier.

Placez le tout dans un vase contenant deux litres d'eau et faites bouillir jusqu'à ce que cette préparation réduit à 1[4 de litre. A ce moment, vous videz le tout dans un linge, et vous le tordez afin d'en faire sortir le jus.

Dans ce jus, vous ajoutez 15 gouttes d'acide Salicylique, vous aromatisez avec de l'essence de Rose et vous mettez en flacons.

Se tremper deux fois par jour les mains dans cette composition et les y laisser pendant 10 minutes au moins. Après les avoir essuyées, se les frotter avec un citron coupé en deux.

Vous verrez vos mains devenir d'une blancheur de neige et vos ongles d'un joli Rose.

Convulsions chez les enfants

Étendez l'enfant sur de l'herbe fraîche ou sur quoique ce soit qui dégage de la fraîcheur, sans le déshabiller, et frottez-lui la plante des pieds avec de l'eau de Cologne.

Crème du Tonkin

Cette crème a pour principe d'empêcher la peau de gercer et enlève les rugosités et les dartres.

<pre>
Axonge . . . . 40 grammes
Essence de Muguet . . . quelques gouttes
Tanin . . . . 6 grammes
</pre>

Faire bouillir 2 minutes, bien mêler et s'en servir.

Moyen de conserver les fourrures

Prenez une boite ou caisse assez grande pour renfermer les fourrures que vous avez à conserver. Formez une poudre avec 1200 grammes de Pyrètre et 300 grammes de camphre et soupoudrez puis fermez votre caisse hermétiquement.

HUILE BRÉSILIENNE

Huile d'amande douce . . . . . 1[2 litre
Clous de Girofles concassés. . . . une forte pincée
Storax (résine de Senteur) . . . . 10 grammes
(1) Racines de flambes concassées. 1[2 poignée
Acide Salicylique . . . . . . 8 gouttes

Laissez infuser le tout une quinzaine de jours, remuant chaque jour, puis tirez au clair et mettez en petits flacons.

Cette huile a pour principe d'embellir, d'assouplir et de parfumer la barbe, beaucoup de personnes l'emploient pour la chevelure.

Rhume du cerveau (guérison)

Aussitôt que vous vous sentez enrhumé du cerveau, vous allez acheter chez le pharmacien un petit flacon de teinture d'iode et vous en respirez fréquemment par le nez. Le lendemain le rhume doit avoir disparu.

Moyen de fabriquer une bonne colle

Prenez trois litres d'eau dans une casserolle qui va sur le feu, jetez dedans environ 300 grammes de pommes de terre rapées, faites bouillir en remuant pendant cinq minutes, retirez du feu, et jetez 15 grammes d'alun en poudre et continuez à remuer jusqu'à ce que la colle devienne claire et transparente.

(1) *Iris de Marais*.

EAU D'OR

colorant la barbe et les cheveux d'un blond des plus agréables

Eau de Plantin . . . . 250 grammes
Savon de Venise . . . . . . 31 —
Gomme arabique . . . . . 15 —
Safran . . . . 3 —

Bien mélanger et mettre en flacons.
Agiter avant de s'en servir.
Frictions matin et soir, bien humecter la barbe ou les cheveux.

Moyen d'éteindre un feu de cheminée

L'on jette un kilo de soufre dans le foyer et l'on ferme hermétiquement l'ouverture avec un drap mouillé.

FARINE D'ÉBÈNE

pour teindre la barbe et les cheveux

Litharge (oxyde de Plomb) broyé. 200 gr.
Chaux vive. . . . . 125 »

Bien mêler et faire une pâte.

Lorsque vous voudrez en faire usage, vous en délayerez un peu dans de l'eau chaude, dans laquelle vous aurez fait bouillir une forte pincée de fleurs de Romarin.

Frictions le matin et le soir, en ayant le soin de bien imbiber les cheveux et la barbe de ce mélange, au bout de quelques jours, vous aurez un très beau noir.

L'on pourrait la livrer au commerce en faisant des petites boîtes à deux compartiments, d'un côté la pâte, de l'autre les fleurs de Romarin.

VIN RÉGÉNÉRATEUR DU SANG

          Chlorure de fer . . . . . . 1 gr.
          Teinture de Canelle . . . . . 7 »
          Vin vieux de Bordeaux . . . 1[2 litre

Laisser bien infuser avant de s'en servir, en prendre 2 fois par jour (matin et soir).

Ce vin est spécialement pour les femmes débiles.

VIN DE FÉCONDITÉ

Feuille de Gui { petite herbe qui croît sur les vieux chênes dont le goût a une saveur amère et mucilorigineuse. } une pincée

          Vieux vin . . . . 1[2 litre

Faites infuser le tout, pendant quelques heures, puis vous pourrez en boire le matin à jeun, huit jours avant les fleurs, en ayant le soin de cesser à l'époque, mais le dernier jour, vous en prendrez une forte infusion et si vous êtes en compagnie d'homme bien portant assurément, vous concevrez.

Régime à suivre : Prendre pendant un mois des bains de siège, sur la vapeur duquel vous resterez chaque fois une dizaine de minutes, mangez beaucoup de poissons.

Livrer au commerce en chopines, avec un peu de réclame l'on arriverait à gagner de l'argent.

BIÈRE ÉCONOMIQUE

Orge germé 600 grammes, bien l'écraser dans un mortier. Ajoutez :

Farine d'orge ordinaire. . . . 5 kilog.
Extrait de quassia Amara . . . 35 grammes.

Vous mélangez bien le tout.

Coriandre . . . . une poignée
Baies de Genièvre. . . . . une poignée
Eau naturelle . . . . . . 3 litres

Faire bouillir cette partie et réduire à deux ou deux litres et demi.

Passez au clair, joignez-y le composé d'orge et de quassia amara. Pétrissez le tout et lorsque la pâte sera bien ferme, vous en ferez des pains de un kilog. environ, que vous ferez dessécher immédiatement, au bord d'un four, de manière qu'une fois secs vous puissiez les pulvériser.

Vous prenez alors un chaudron que vous remplissez d'eau, vous mettez vos préparations de pain d'orge en miettes et faites chauffer pendant 25 à 30 minutes, ayant le soin de remuer de temps en temps. Vous ajoutez à ce liquide chaud 600 grammes de levin de bière délayé dans 6 litres d'eau froide, vous remuez bien le tout et vous l'introduisez dans un tonneau de la contenance de 90 à 100 litres ; tonneau qui devra être placé dans une pièce de 20 à 25 degrés. Vous remplissez d'eau ce tonneau jusqu'à la bonde sans le boucher, au bout de quelques heures la fermentation s'établit et vous ajouterez de l'eau pour remplacer ce qui sort en écume.

La fermentation arrêtée, ce qui se reconnaît par l'écume qui s'affaisse, vous bouchez le tonneau et vous le laissez reposer deux ou trois jours ; après vous pouvez vous en servir si la bière n'était pas assez forte en couleur, ajoutez un peu de sucre brûlé (caramel) qui donnera un beau jaune d'opale.

Je recommande cette bière pour son bon goût, ses propriétés sanitaires et son prix de revient :

Les 5 k. de farine reviennent à 1 10
L'orge germé 600 grammes 0 20
Extrait amer 0 45
Levure de bière 0 80
                                        Total   2 55

Vous obtenez donc 90 à 100 litres de bière avec 2. 55

Si l'on voulait faire de la bière supérieure l'on pourrait remplacer l'Extrait de quassia par 380 grammes de houblon en y ajoutant toujours les baies de Genièvre et la Coriandre. Seulement votre bière serait d'un prix plus élevé.

IMITATION DE CHAMPAGNE

Vin blanc sec . . . . 1 litre
Sucre . . . . 100 grammes
Bicarbonate de Soude 6   —
Acide Tartrique 5   —
Jus de Citron . . . . 7 gouttes
Cognac . . . . 1|2 verre à liqueur

Mettez le sucre dissoudre dans le vin, puis vous ajoutez les autres produits, sauf l'acide que vous mettez après avoir bien mélangé le reste et au moment de boucher votre litre et le plus vivement possible. Vous employez le bouche-bouteille en bois, puis vous la ficelez et la renversez.

Le même soir ou le lendemain, vous pouvez en servir, il est très bon au goût et sans danger pour la santé, ce breuvage n'étant composé que de principes fortifiants.

Diminuant le sucre et augmentant l'acide, vous pouvez obtenir un goût plus piquant.

Ce vin se conserve autant que l'on veut.

VINAIGRE

Essence de vinaigre (type d'orléans)	. .	1 litre
Eau (bouillie)	. .	6 »

Mélangez bien le tout et vous obtiendrez 7 litres d'un très bon vinaigre.

L'essence de vinaigre coûte 1. 60 et se trouve chez tous les marchands de produits œnologiques principalement à Paris.

Avec cette modique somme, vous pouvez le livrer chez tous les épiciers à un prix très-bas et vous faire un beau bénéfice.

Coloration en rouge avec quelques gouttes de teinture de Phytolaque ou en jaune avec du safran.

LIQUEUR RÉGÉNÉRATRICE

Bonne eau-de-vie	5 litres
Graines d'Angélique	7 grammes
Graines de Coriandre	32 grammes
Fenouil	une pincée
Anis	une pincée
Jus de citrons et écorces	2 citrons
Sucre blanc	une livre
Canelle	1 ou 2 morceaux

Laissez infuser le tout pendant une semaine, en ayant soin de remuer tous les jours. Filtrez et mettez en bouteilles en ayant soin de bien les boucher.

Cette liqueur est composée pour éviter les indigestions, coliques, vomissements, points de côté, difficulté d'uriner, gravelle, oppression, étourdisement et rhumatisme.

Ayant maintes fois éprouvé l'efficacité de cette liqueur, je me bornerai à affirmer qu'elle soulage et fait passer immédiatement les indispositions annoncées ci-dessus.

Aussitôt que vous sentez un malaise, prenez un petit verre à liqueur de cette composition, si l'effet n'était pas immédiat, renouvelez d'heure en heure.

En prendre de temps en temps est un bon préservatif.

HUILE MERVEILLEUSE

cicatrisant en 24 heures les plaies et les blessures

Herbe de Mille Pertuis. . . . . . . une poignée
Safran . . . . 3 grammes.
Huile d'olive surfine. . ⎫ par partie ⎫
Térébenthine . . . ⎬ égale pour ⎬ 1/2 litre
Axonge . . . . . ⎭ faire : ⎭

Hachez bien les feuilles de mille Pertuis et le tout bien trituré, vous le mettez dans une forte bouteille en verre. Sur le bouchon placez du plâtre et vous suspendrez vos bouteilles pendant une année dans la fosse d'aisance.

Au bout de ce temps vous retirez vos flacons. L'huile que vous aurez obtenue ainsi, lorsqu'il se présentera l'occasion de vous en servir, vous la mettrez sur la blessure après l'avoir fait chauffer de façon à y endurer le doigt et l'effet sera instantané.

LIQUEUR DES PACHAS

rendant les forces et la jeunesse aux personnes
de tout âge

Teinture de Canelle	7	grammes
Acétate d'ammoniaque liquide . .	25	»
Racines d'angélique pulvérisées . .	15	»
Quinquina en poudre	10	»
Gingembre	4	»
Giroflées pulvérisées	5	»
Bromure de potassium	5	»

Le tout bien pulvérisé et mêlé au mortier. Vous mettez cette
préparation dans 3/4 de litre de sirop d'écorces d'oranges, laissez
infuser une dizaine de jours puis l'éclaircir au tamis fin.

Très agréable au goût, stomachique, réconfortante rendant
les forces de la jeunesse aux personnes ayant abusé de la vie.

En prendre deux cuillerées à bouche, une le matin, une le
soir. L'effet se fera bientôt sentir et les forces reviendront
promptement.

———

Le moyen le plus sûr pour que l'on ne puisse pas vous enlever
votre montre de votre poche est d'adapter à la queue une
petite rondelle en caoutchouc, impossible de la sortir sans
entrer au moins les deux doigts dans le gousset. J'envoie la
rondelle contre mandat-poste de 0 fr. 50.

REMÈDE CONTRE LA RAGE

Aussitôt que vous ou l'un des vôtres aura été mordu par un animal que vous supposerez être enragé, faites saigner la morsure le plus possible en la pressant très fortement et ayant eu soin préalablement et promptement de lier fortement le membre au-dessus de la morsure, si elle a eu lieu soit à la jambe soit au bras. Lavez promptement la partie affectée avec du jus de citron.

Pendant que vous ferez ce premier pansement, envoyez chercher de l'acide hydrochloridrique. (Acide minéral détruisant le venin de la bave.) Imbibez alors la plaie du patient jusqu'à complète brûlure, soit avec un pinceau soit avec un tampon de linge; lorsque vous voyez que l'effet s'est produit pendant un quart d'heure, vous appliquez un vésicatoire qui couvre entièrement la blessure, vésicatoire que vous faites préparer très chargé de cantarides et que vous traîtez absolument comme ceux qui servent pour les maladies ordinaires. Il ne faut pas oublier de délier le membre trois minutes après la pose du vésicatoire.

Vous donnez en même temps comme breuvage au malade la première semaine toutes les heures du jour et de la nuit une cuillerée à bouche de jus de feuilles de quintes (fraîches) jus que vous obtiendrez en hâchant et en pressant dans un linge. Si vous ne pouviez vous en procurer de fraîches vous vous serviriez des autres dont vous feriez des infusions très chargées.

Il faut continuer cette boisson pendant trois mois au moins A la fin du premier mois, vous pourrez espacer ce breuvage de manière à ne pas dégoûter le malade, mais continuer pendant trois mois. Ne craignez en aucun cas les plaintes du blessé, soit à la pression faite à la plaie, soit à la cotérisation par l'acide :

songez bien qu'il y va de la vie de la personne. Donnez au malade beaucoup de distractions et tâchez de lui sortir de l'idée que la bête qui l'a mordue était enragée. Dites-lui que vous appliquez le remède seulement par précaution.

EAU DE BOTOT

Anis vert	100 grammes
Girofle	2 —
Canelle de Ceylan	20 —
Cochenille	6 —

Prenez un mortier et pilez le tout. Faites infuser dans deux litres et demi d'alcool et au bout de 10 à 12 jours, ajoutez 8 grammes d'essence de menthe et filtrez.

EAU DE MILLE FLEURS

10 gouttes d'huile de Lavande.

10 gouttes d'huile de clous de girofle.

15 grammes de baume du Pérou.

200 grammes d'essence de Néroli.

Bien mélanger le tout dans un litre d'alcool et filtrer.

EAU DE LAVANDE

Kirsch. . . . . 1 litre
Huile de Lavande . . . . . 35 grammes
Essence de Bergamote. . . . . 40 —
Essence de Canelle. . . . . . 40 —
Essence de Thym . . . . . : 125 grammes
Teinture de musc . . . . . . quelques gouttes

Mettez le tout dans trois litres d'alcool, laissez infuser un jour, remuez fortement et filtrez.

ESSENCE DE MUSC

Musc . . . . 60 grammes
Vanille. . . . . 30 —
Ambre gris . . . . . . 15 —

Mettez le tout dans un litre d'alcool, remuez 7 ou 8 fois par jour pendant 20 jours, puis filtrez dans un filtre en papier sans colle.

Moyen de tenir une barre de fer rouge, de plonger sa main dans la fonte incandescente,, etc. sans se brûler.

Mouillez-vous le doigt avec de l'éther, vous pourrez impunément le plonger dans l'eau bouillante et même dans du plomb fondu.

Voulez-vous prendre une barre de fer rouge à la main, trempez-la préalablement dans une solution d'acide sulfureux à laquelle vous ajouterez du sel ammoniac.

Voulez-vous passer dans le feu sans vous brûler, faites-vous faire un vêtement en éponges cousues ensemble, un bonnet se joignant à l'habit également en éponges, mais avec un carreau comme dans la coiffure des scaphandres — pour pouvoir vous conduire, plongez-vous dans un bain d'éther et vous pourrez dans un incendie sauver des personnes d'une mort certaine. La même expérience peut être faite en trempant les parties de son corps que l'on veut rendre incombustibles, dans l'acide sulfureux.

TABLE DES MATIÈRES

Paris. — Imp. F. Champion, 13, rue des Abbesses